小学校が100倍楽しくなる

監修 沼田晶弘
東京学芸大学附属世田谷小学校教諭

絵 石塚ワカメ

小学生のお友だちづきあい

KADOKAWA

学校で 出会う きみたちへ

きみは 今、「友だちは たくさん できるかな」
と ワクワクしているかな?
「なかよくできなかったら どうしよう……」
と ドキドキしているかな?

でも きっと だいじょうぶ。学校は、
友だちと 出会うのに ぴったりの 場しょ。
ちがう家で そだち、あそぶ方ほうや 考え方も
ちがう たくさんの人が あつまる 学校では、
きみと 友だちの「ちがい」を 知ることが できるんだ。

きみの「ヘン」は、かれらの「ふつう」かもしれないし、
きみが「つまらない」と 思うことが
かのじょたちの「おもしろい」かもしれない。

ちがうことは きみの こせいや ぶきになり、
ちがう みんなが つながり、ときには ぶつかることで、
新しいものを 発見したり、生み出したりすることが できる。
自分と ちがう考えを 知ることで、
ものの考え方を 広げ、ふかめることも できる。
学校は、人と人とが ぶつかり、こせいを みがき合い、
生きる れんしゅうを するところ。

あい手のことも 自分のことも 大じにできたら
きみは もう 友だちづきあいの スペシャリストだ!

もくじ

学校で 出会う きみたちへ 2　　この本に 登場する 子どもたち 6

友だちって なんだろう？

- 小学校には、いろんな人が いるよ 8
- はじめに出会う クラスメイト、どんな子？ 10
- 友だちに なりたいな、って 思ったら？ 12
- 自こしょうかいに くふうを しよう 14
- なかよくなりたいって 思ったら？ 16
- なかまに 入れてほしいときは、どうしよう？ 18
- 友だちが、自分の 知らない子と あそんでいたら？ 19
- クラスは チーム。チームワークを 楽しもう 20
- にが手な人とは 「ちょうどいいきょり」が いい 22
- てん校生が 来たら、どうしよう？ 23
- 友だちと、はなればなれに なったら？ 24

友だちと なかよくするには？

- 友だちの いろんな顔を 発見しよう 28
- キャッチボールみたいに 話そう 29
- 友だちの話を よく聞こう 30
- 自分の気もちを つたえよう 32
- あい手の顔や 体のとくちょうは 言わない 34
- じまんは やめよう 35
- わる口、かげ口は 言わない 36
- あい手が いやがることは、やらない 38
- ゆるせるレベルは それぞれ ちがうよ 40
- 友だちの おうちでは、れいぎ正しく しよう 42
- つかってる？ ふんわりコトバ つかってない？ とげとげコトバ 44

友だちとのトラブル…どうする?

- 言ばで 言えないときは、手紙を書こう　48
- 友だちの元気が なくて 心ぱいなときは?　50
- 一人の子がいたら、どうしよう?　51
- 意見が はんたいのときは、どうしよう?　52
- ルールを まもらない子に、イライラするときは?　54
- わがままな 友だちに、なんて つたえる?　55
- あやまっても、友だちが ゆるしてくれないときは?　56
- 友だちに、うそを ついちゃったら?　58
- わるいこと・いやなことに さそわれたときは?　59
- 友だちと 少し はなれていたいときは…?　60
- なかま外れに されたら、どうしよう?　61
- これって、いじめ?　62
- いじめに あっても、きみは ぜったいに わるくないよ　64

自分も 大切に しよう

- 友だちと いることに、つかれたときは?　68
- 一人でいるのも わるくない　70
- 自分のことを、もっと 知ろう　71
- 人と 自分を くらべて、おちこんでしまうときは…　72
- クラス・学校だけが せかいじゃない　74
- きみは ひとりじゃない　76
  - 今、くるしんでいる きみへ　78

保護者の方へ❶ 子どもが 新しい環境に なじめないときは?　26
保護者の方へ❷ 子どもと 友だち付き合いの お約束を 決めよう　46
保護者の方へ❸ 子どもが いじめられている? と思ったときは…　66
保護者の方へ❹ 子どもと 学校の話を しよう　79

この本に 登場する 子どもたち

明るくて 元気。
自分の意見や 考えは あまり
言えないタイプ。お絵かきが すき。

内気で、気が弱いけど、
友だちと あそぶのは すき。
ちょっと ぼんやりしている。

まちがったことは ゆるせない、
まっすぐな せいかく。
しっかりもので、気が強い。

活ぱつで、サッカーが
大すき。休み時間は
いつも 校ていにいる。

おおざっぱで ルーズな
ガキだいしょう。なにごとも
やりすぎてしまうことが 多い。

魚と本、一人で いることが すき。
あまり 人と 交わらないので
トラブルになることも。

友だちって なんだろう？

いっしょにいて 楽しいなと 思う子、
そして あい手も そう思ってくれている子、それが「友だち」だね。
でも、自分が 友だちだと 思ったら、その子は、もう友だち。
それで いいんだ。

小学校には、いろんな人が いるよ

1年生から 6年生まで、年のちがう 子どもたちが たくさんいるよ。
外国に ルーツをもつ子（※1）や、とくべつしえん学きゅう（※2）に
通っている子も いるかもしれない。
大人も たくさんいるよ。 いろいろな人と かかわってみよう。

※1 りょう親や、親ぞくなどが 外国 出しんである子

※2 しょうがいのある子を たいしょうにした 少人数の 学きゅう

はじめに出会う クラスメイト、どんな子？

おもしろい子、オシャレな子、勉強ができる子、スポーツがとくいな子、マジメな子、ちょっとずるい子、すきなものが同じ子、いつも だれかと いっしょにいたい子、一人で 本を 読んでいる子……どんな子が いるか、見わたしてみよう。きみは、だれと 友だちに なりたい？

友だちに なりたいな、って 思ったら?

あの子と 友だちに なりたいな、って 思ったら、え顔で 話しかけてみよう。コツは、①ニコニコしながら、②自分のことや 学校の話を してみよう。話が できないときは、え顔で ③あいさつをすると いいね。

ニコニコ え顔で
かがみの前で、え顔の
れんしゅうを してみよう。

話せないときは?
あいさつを していると、いつか 話をする
きっかけが つかめるかも。

話だいは どうする?
すきなことが 同じだと もり上がるし、
どちらも 知っている話は 会話が
つづくよ。きょう通の 話だいを
見つけよう。

自こしょうかいに　くふうを　しよう

自こしょうかいの　目当ては、自分の名前を　おぼえてもらうこと。
「自分といえば〇〇」と　いんしょうづけられるように、
自こしょうかいに　くふうを　してみよう。
自分の名前を　くり返し　言ったり、
すきなゲームや　キャラクターのことを
あつく語るなど、いんしょうにのこる
つたえ方を　考えよう。

自分を知るために
自分とりあつかいせつ明書を 作るのも いい！

電気せいひんの せつ明書みたいに、おもしろおかしく 自分を しょうかいしてみよう。

このせいひんの とくちょう
- おえかきがだいすき
- マンガとアニメがすき

はずかしがりやで じぶんからなかなか はなしかけられません

すきなマンガの はなしが したいです

こしょうかな？と おもったら…
おいしいおかしを あたえてみてください。げんきになります！

ふぞくひん： じゆうちょうと えんぴつ

自こしょうかいの ススメ！

❶ 話したい エピソードの前後に、名前を 言って アピール！
　れい 「〇×です。ショートケーキが すきです。イチゴは さいしょに 食べる派です」

❷ 自こしょうかいは、くり返し 行うことで あい手の いんしょうに のこるよ。もちネタを しんかさせていくと いいね。

ぬまっち先生

なかよくなりたいって 思ったら？

すきなものは？ きらいなものは 何？
あい手のことを 知りたいと 思ったら、
どんどん しつもんをして、友だちのことを 聞いてみよう。
同じことがあったら 話が はずむし、
ちがうことや 知らないことがあったら 教えてもらえるね。

しつもんを するときは?

○ 話の きっかけに なりそうなことを 聞こう

○ 自分から 先に つたえると、あい手も 話しやすいよ

「すきな 食べものは?」　⟷　「わたしは チョコレートが すき」
「すきな キャラクターは?」　⟷　「ぼくは アニメのキャラが すき」
「何して あそぶことが 多い?」　⟷　「わたしは 公園で よくあそんでいるよ」

なかまに 入れてほしいときは、どうしよう？

グループの中に 入りたいときは、わの後ろに 入って
話ができる タイミングを さぐってみよう。
自分の とくいな分野や、知っている話を していたら、
そのときが チャンス！ にこやかに 話を してみよう。

大人数の わに 入れないときは
なかよくなりたい子や、話を しやすそうな
子が 一人のときに 声をかけても いいね。

友だちが、自分の 知らない子と あそんでいたら?

そのことを、もし きみが いやだな、知らない子は
ふあんだな と思っているのなら、あい手も 同じような
気もちかもしれないね。でも、話を したり、
いっしょに あそんでみたら、新しく 友だちに なれるかも。

クラスは チーム。
チームワークを 楽しもう

なかよしの 友だちも、気の合わなそうな子も、
よくわからない子も いるけれど、クラスは チーム。
みんなと 友だちにならなくても いいけど、クラスでは いろんなことを
いっしょに やるよ。チームで たすけ合うと、一人じゃ できなかったことも
できるようになったり、やれることが ふえるんだ。

クラスで どんなことを やる?

○ 勉強
○ かかり活どう
○ そうじ
○ 校外活どう
○ うんどう会
○ 音楽会 など

にが手な人とは「ちょうどいいきょり」が いい

だれでも、にが手な人が いるのは 当たり前。
そんな人とは、ムリに なかよくしなくても いいよ。
でも、チームとして きょう力したり、あいさつが できたりすると いいね。
「ちょうどいいきょり」を 見つけて つき合おう。

でも、話してみると？
にが手な思いが やわらいだり、
知らなかった 発見が
あるかもしれないよ。

てん校生が 来たら、どうしよう？

はじめての学校に、はじめてのクラスメイト……。
てん校生は、たくさんの ふあんを もっていると 思うよ。
あい手のことを 知りたいなと思う 気もちを 大切にして、
やさしく 声を かけてみよう。

ずっと 友だちで いたいなら
休み時間や ほうかごに、
あそぶ やくそくを してみたら？

友だちと、はなればなれに なったら？

クラスがえや、グループ活どうで なかよしの子と はなればなれに なったら、どうしよう？ さびしいけれど、新しい友だちが できたり、あそび方が 広がる チャンスでも あるよ。今まで 話したことがない子にも、にっこりわらって、自分から 話しかけてみよう。

ひとりぼっちと 思ったら？
なかよくなりたい子や、
話が できる子は いないかな？

ピンチは チャンス
今まで 知らなかった子が、
すっごく 気の合う子かもしれないよ？

保護者の方へ ❶
子どもが 新しい環境に なじめないときは？

子どもが小学校に入学したり、学年が上がってクラス替えをしたりしたときに、すぐに新しい友だちができる子もいれば、なかなかクラスになじめない子もいます。
これまで仲の良かった子と離れてしまい、不安になっている子もいるでしょう。新しいクラスの子と気が合わないな、と不満を持っている子もいるかもしれません。
子どもが落ち込んでいるときは、気持ちを受け止め、積極的に話を聞いてあげてほしいのですが、聞き方にはコツがあります。
①子どもに同調し、ことさら深刻に考える必要はありません。
②親はなるべく明るくふるまい、励ましてあげてください。
親が心配そうな顔をしていると、子どももさらに不安になってしまいます。親のほうは、努めて笑顔で話を聞き、新しいクラスや友だち、先生になったことのメリットを挙げて、「これからいいことがたくさんあるよ。楽しみだね」と、前向きな言葉をかけましょう。そして、焦る必要はないこと、ゆっくりと時間をかけて新しいクラスと付き合っていけばいいんだよ、と教えてあげてください。

会話力や社交性といったコミュニケーションスキルを育てるには、コミュニケーションの場に立たせることが、何よりも重要です。コミュニケーションの場——この場合は、学校に通い、新しいメンバーとコミュニケーションをとることで、スキルは自然と身につきます。
子どものやる気を引き出す言葉を使って、
気持ちよく送り出しましょう。
うまくいかなかったときは、
そのときにきちんとフォローをして
あげればいいのです。

友だちと なかよくするには？

話していて 楽しい子や、友だちが できたら、
もっと なかよくなりたい！ と思うよね。
あい手のことを 思いやる 気もちが
なかよしの ヒケツだよ。

友だちの いろんな顔を発見しよう

すきなところが たくさん 見つかるかもしれないし、
自分と ちがうところも たくさん 見つかるかも。
どうして 友だちがすきで、どうして すきになれないところが
あるのか、よくわかると、もっと なかよくなれるよ。

ふく数の メンバーと話すときは？
その場に いる みんなが わかる話を しよう。

キャッチボールみたいに 話そう

自分が 話してばかりでも、あい手の話を 聞くばかりでも、つまらないね。
会話は じゅんばんこ。自分が 話したら、つぎは あい手の番。
あい手が 話しにくそうだったら、
「ぼく・わたしは こう思うけど。どう？」って 聞いてみよう。

友だちの話を よく聞こう

あい手を 知るには、あい手の話を 聞くことが一番。
友だちの話、ちゃんと 聞いてる？ 友だちが 話しているときは、
あい手の顔を 見て、うなずいたり、あいづちを うちながら、
おしまいまで 聞こうね。

こんなこと してない？ NG行どう

1. ぼーっと している
2. はんのうしない
3. 話を さえぎる
4. きめつけ、早とちり
5. 一方てきに あい手の 意見を ひていする

自分の気もちを つたえよう

楽しいことも、うれしいこと（ありがとう）も、いやだな と思ったり、
こうしてほしいな と思ったりしたことも、つたえてみよう。
いやなことを がまんしていると、いつか バクハツして、
友だちも 自分も きずつけてしまうかも。
自分の気もちは きちんと つたえよう。

じょうずな つたえ方を 考えよう

1. どうして、自分が そう思うのかを 考えよう
2. あい手の気もちを そうぞうして、どうしたら つたわるかを 考えよう
3. しんけんさが つたわる、ひょうじょうと 言ばを 考えよう

あい手の顔や体のとくちょうは 言わない

自分では どうにもできない 見た目については、思っただけの
ことだとしても、口に出すのは やめよう。
家ぞくのことを わるく 言うのも ダメ。たとえ、あい手が
わらったとしても、ダメ。きずつけてしまうよ。

じまんは やめよう

自分が もっていて、あい手が もっていないものを
じまんしたり、自分が できて、あい手が できなかったことを、
わらったりしては いけないよ。あい手を かなしませるだけだし、
あとで 自分も いやな気もちに なるよ。

わる口、かげ口は 言わない

人のことを わるく言ったり、それを かげでコソコソ
だれかと 話したりしては いけないよ。
もし、あい手に いやだな、直してほしいな
と思うところが あったら、
本人に 直せつ 話してみよう。

聞きゃくに されてしまったら？

❶ 「先生に よばれているから」など、りゆうを つけて、その場から はなれよう。

ぼくは すきだよ

❷ 「わたしは すきだよ」「そう思わないな」など ハッキリと 言うのも ◎。

あい手が いやがることは、やらない

自分が、あそびのつもりや なかよしだから と思ってしたことも、
あい手が いやだと わかったら、すぐに やめよう。
「でも」「だって」と言う前に、まずは「ごめん」と 言おうね。

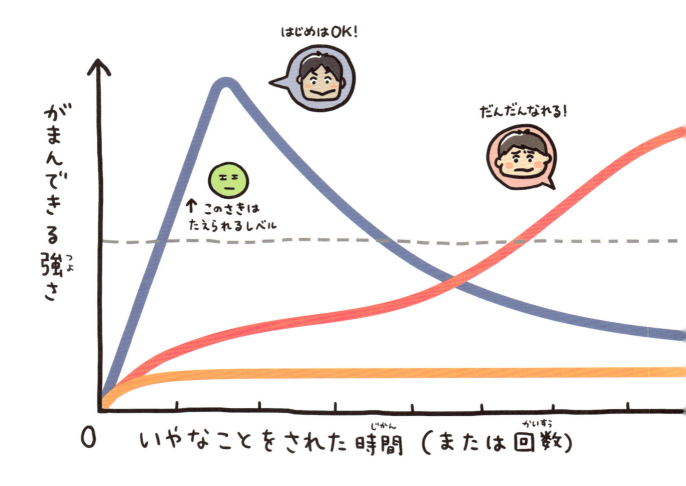

ゆるせるレベルは それぞれ ちがうよ

つっこみで なかよくなれる子も いるかもしれないけど、
言われたら イヤだっていう子も いるよ。きみの「おもしろい」は、
友だちの「いやなこと」かもしれない。友だちは、自分は、どうかな?

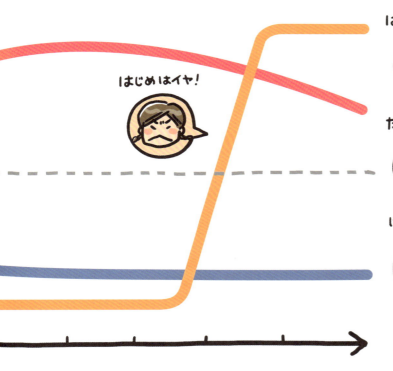

はじめはイヤ！
すごくおこるけど、
なれてきたらうけ入れる

だんだんなれる！
イヤだけど、だんだん
「まぁ、いっか」と思う

はじめはOK！
1～2回くらいならいいけど、
しつこいとイヤ！

がまんきょく線を 作ってみよう

いやなことをされた時間（または回数）を よこじくに、
がまんできる強さを たてじくにして グラフにしてみよう。
はじめは ゆるせるタイプ？ けっこう へいきなタイプ？ 自分と 友だちの
がまんきょく線を 作って、友だちのきょく線と くらべてみよう。

友だちの おうちでは、れいぎ正しく しよう

くつを そろえて、おうちの人に あいさつを しよう。
家の中のものを じろじろと 見たり、
かってに さわったりしては いけないよ。
おうちには それぞれのルールが あるから、
そのおうちの ルールを まもろうね。

およばれした ときの マナーを かくにんしておこう

- くつを そろえる
- おうちの人に あいさつをする
- 家の中のものに さわらない
- かってに ウロウロしない
- おやつのルールを きめておく
  （もらわない／もっていく……など）

つかってる？ ふんわりコトバ

人の心を　あたたかくする
「ふんわりコトバ」は　どんどんつかっていこう！

- ごめんね
- すき
- すごいね
- ありがとう
- がんばってるね
- すてき
- たすかったよ
- おはよう
- だいじょうぶだよ

 つかってない？ # とげとげコトバ

言(い)われると 心(こころ)が つめたくなる
「とげとげコトバ」は 人(ひと)を きずつけるよ！

じゃま

むかつく

ばか

あなたのせいで

つまんない

きらい

はぁ？

キモい

ウザい

保護者の方へ ❷

子どもと 友だち付き合いの お約束を 決めよう

子どもに友だちができると、新たな"問題"が出てきます。すなわち、親の知らないところで、"いろいろ約束してくる問題"です。まず、「今日、一緒に遊ぼうぜ！」と約束をして意気揚々と帰ってきたのに、時間または待ち合わせ場所を決めてこなかった、ということはよくあります。
幼稚園や保育園のころからよく友だちを家に呼んでいた、という家の子だと、誰でもかれでも「うちにおいでよ」と気軽に声をかけ、5人以上の子が突然押しかけてきた、というのもよく聞く話です。未就学児のころと違い、子どもの顔と親の顔が一致する関係性ではないので、どこまで踏み込んでいいのか、迷うこともあるでしょう。いざというときに困らないように、子どもと話し合い、「わが家の友だち付き合いのお約束」を決めておきましょう。

子どもと決めておきたいルール（例）

● **遊ぶ約束について**

遊び相手、集合時間、待ち合わせ場所、帰る時間を確認しておくことは必須です。
それと、急なトラブルで行けなくなったときの対応も大切です。
事前に家の電話番号や連絡先を交換しておくのか、それとも10分待って来なかったら
解散するのかなど、決めておくといいでしょう。

● **遊ぶときの決まり**

外で遊ぶときは、場所（例：公園以外は行かない）、
持ち物（例：お金は持たない）などのルールも話し合いましょう。
家で遊ぶときは、人数や家のルールを
守ってもらうことなどを確認しましょう。

● **その他**

物の貸し借りはしない、とか、親がいないときは
遊ばない、など、他に決めておくべきことが
あれば確認しておきましょう。

友だちとのトラブル…どうする?

けんかを したり、いやなことを してしまったり、
きずつけられたりしたときは、どうすれば いい?
こまったときは まず 自分の気もちを しっかり かくにん!
きみは どうしたい?

言ばで 言えないときは、手紙を 書こう

直せつ「ごめんね」と 言えないときや、自分の気もちを
しっかりと つたえたいときは、手紙を 書くと いいよ。
会って 話すのが はずかしかったり、ゆう気が 出ないときも、
手紙だと、す直に なれるかも。

うれしい手紙も 書いてみよう

おうえんしたり、はげましたり、
もらうと 元気になるような手紙を
書くのも ステキだね。

友だちの元気が なくて心ぱいなときは？

自分なら、どうされたい？ ほうっておいてほしい？ 聞いてほしい？
いつも通りにしてほしい？ 友だちは どうだろう？
心ぱいしている 気もちが あるなら、まずは「どうしたの？」って、
聞いてみたら いいんじゃないかな。
きみの その気もち、うれしいと 思うよ。

ほうっておいてほしい と 言われたら？
今は 話したくないのかも。
本人が 話してくれるまで、
そっとしておこう。

一人の子がいたら、どうしよう？

休み時間に 一人で すごしている子がいたら、声を かけてみよう。
一人で いるからといって、さみしいとは かぎらないけど、
うれしいな と思ってくれたり、なかよくなれたりしたら さい高じゃない？
一人が すきな子だって、いっしょに あそびたいときも あるよね。

意見が はんたいのときは、どうしよう?

グループで、あそびたいものや 行きたいところが ちがうときは、みんなの 考えや 思うことを 聞いてみよう。そうしたら、それぞれの いいところが わかって、新しいアイデアが 生まれるかも。それでも きまらないときは、多数けつや、くじ引きなどで きめるのも いいね。

話し合いの ルールと マナー

1. 意見を じゆうに 出し合う
2. 意見を 言うときは、りゆうも 言う
3. 話の とちゅうで じゃまを しない
4. 人の意見を ひていしない
5. きまったことは まもる

ひるやすみ なにするか?
- ドッジボール　正一
- ドロケイ　　　丁
- こおりおに　　正

ルールを まもらない子に、イライラするときは？

いきなり「ダメだよ！」と ちゅういをするより、
「そういうのはやめて、○○しよう」と、ていあんをする 言い方のほうが、
あい手も 聞いてくれるよ。でも、自分は自分、人は人。
自分が 正しいと 思うことを していれば、人のことは
気にしなくていいよ。ひどい場合は 大人に そうだんしてね。

わがままな 友だちに、なんて つたえる?

いやだな と思う 気もちを つたえたり、どうして そんなことをするのかを 聞いたりしてみよう。「それじゃ、みんなこまるよ。どうしようか?」と、いっしょに 考えてもいいね。強い言い方で ちゅういをすると、す直になれない子も いるから、あい手の気もちを 考えながら 言うと いいね。

あやまっても、友だちがゆるしてくれないときは？

「ごめんね」と 言ったのに、友だちが ゆるしてくれないときは、時間を おいてみよう。きみだって、すぐには ゆるせなくても、時間がたったら「まあ、いいか」ってなること、あるよね。
大切な 友だちなら、あきらめないで、また あそべるチャンスをねらってみよう。「あのときは、ごめんね……」。

きみが ゆるせないときは？

あい手に「ごめんね」と 言われても 気もちが モヤモヤしているときは、「いいよ」じゃなくて、「気もちは わかったけど、今は まだ……」って 答えても いいんだよ。

あのときは
ごめんね

友だちに、うそを ついちゃったら？

うそは 自分を くるしくするだけだし、だれかを きずつけることも ある。
うそを かくすために、また うそを つかなきゃいけなくなるかも しれない。
友だちの気を 引きたくて、つい うそを ついちゃったときは、
できるだけ早く「ごめん、うそなんだ」と あやまろう。

わるいこと・いやなことに さそわれたときは？

友だちが 学校のルールを やぶろうとしていて、
自分も さそわれちゃった……。そんなときは、できるだけ早く、
きっぱりと ことわろう。ルールには いみがあるので、やぶったら
きけんな目に あったり、こまったりすることが あるかも。
それに、家ぞくは かなしむし、
自分も いやな気もちに なるよ。

友だちと 少し はなれていたいときは…?

あんまり すきじゃない、気が合わない子と、なんとなく 友だちでいる……。その子と ムリをして いっしょに いるのなら、「やりたいことが あるから あそべないんだ」「いそいでいるから 一人で 帰るね」とか言って、少しずつ はなれてみよう。ほかに 気の合う あい手を さがせばいいんだ。

なかま外れにされたら、どうしよう？

自分だけ あそびに 入れてくれなかったり、ないしょ話を されたりしたら、
「ぼく・わたしは かなしいよ」と つたえて、「やめて」と 言おう。
それでも かわらなかったら、少し きょりを おいてみるのも
いいんじゃない？ 一人で すごしてみたり、ほかの子と
あそんだりすることで、かわることが あるかもしれないよ。

これって、いじめ？

人が いやがることを しつこくやったり、人のわる口を 言ったり、
もちものを かくしたり、あい手を むししたりすることは、「いじめ」だよ。
いじめは 100パーセント いじめるほうが わるいよ。

自分が いじめを しているなら？

あい手の 心や体を くるしめる いじめは、
あい手は もちろん、たくさんの人を
かなしませるよ。今すぐに やめよう。

自分は 見ているだけなら？

見て見ぬふりは しないで、先生や まわりの大人に
知らせよう。いじめられている本人にも、
声を かけてみよう。

いじめに あっても、
きみは ぜったいに わるくないよ

もし、きみが いじめられているのなら、
①だれかに 話してみよう。②電話や インターネットで
話を 聞いてくれるところも あるから、たすけを もとめてみて。
そして、③きみには 学ぶ「けんり」がある、
ことも おぼえておいて。

学ぶ「けんり」とは？

すべての 子どもには、「教育」をうける「けんり」があるよ。「教育」とは、知しきや ぎじゅつを教え、育てられること。「けんり」とは、国が わたしたちに やくそくしていることを 言うよ。そのために、すべての 大人は 行どうしなければいけない、と きめられている。だから、いじめられている子のために 大人が うごくのは、当たり前なんだ。つらかったら 学校を 休んでも もちろんいいけど、いじめっ子のせいで、学校に 通うのを、きみが あきらめることは ないんだよ。

保護者の方へ ❸
子どもが いじめられている？ と思ったときは…

子どもが心や体を傷つけられたとき、それは「いじめ」です。暴力や暴言はもちろん、集団で無視されたり、仲間外れにされたり、持ち物を隠されたり壊されたり、大勢の前で恥をかかされたりするのは、いじめです。冷やかしやからかい、嫌なことを言われたり、遊ぶふりをして軽くぶつかられたり、叩かれたりすることもよくあります。

文部科学省の調査（※）によると、小学校におけるいじめの認知件数は55万1000件を超え、小学2年生がもっとも多く11万件、次に小学1・3年生が10万4000件と、低学年で多い傾向にあります。

子どもがもし、いじめにあっていれば、これまでと違った行動や態度が現れてきます。ポイントは、今まではできていた（していた）ことが、できなくなった（しなくなった）という"変化"です。朝なかなか起きてこなくなる、食欲がなくなる、勉強をしなくなる、寝つきが悪くなる……。ささいなことでイライラするようになり、物に当たる子もいます。また、学校で使う物がなくなったり、壊れたりしていないか、服が汚れたりしていないかなど、身のまわりの物にも注意しましょう。

もしも、「いじめられているかも」と思ったら、子どもの気持ちに寄り添い、話を聞いてあげてください。結論を急がず、「何があっても悪いのはいじめる人だ。いじめられる人は悪くない」と伝えてあげましょう。

そして、いじめを認識したときは、すみやかに学校に通報します。個人としての対応ではなく、組織としての対応を求め、学校とのやり取りはすべて記録しましょう。

そして、どのようなことを言われたりされたりしたのか、子どもやその友人に聞き、壊されたり隠されたりした物があれば保存し、できるだけ証拠を集めましょう。場合によっては、弁護士や警察に相談をしてもいいと思います。

※令和4年度 児童生徒の問題行動・不登校等生徒指導上の
　諸課題に関する調査結果より

自分も 大切に しよう

自分の気もちを 大切にできる人は、人の気もちも 大切にできる人。
友だちも 自分も 大切にできると、毎日が もっと ハッピーになるよ。
一人の時間も、大切にね。

友だちと いることに、つかれたときは？

友だちと なかよくすることばかり 考えていると、ちょっと つかれちゃうよね。
友だちに 合わせてばかりで、自分が いやになったりも するよね。
そんなときは、友だちと あそぶのを お休みしたって いいんだよ。
一人で すごす時間も 大切にしよう。

さそいを ことわるときは
あい手の顔を きちんと見て、
ごめんねの気もちを つたえよう。

69

友だちじゃなくても

いつも いっしょな わけじゃないけど、ときどき 話す子が いても、いいよね。

一人でいるのも わるくない

なかよくなりたい子が いなくても、きみが 一人でいるのが
いやじゃなければ、一人でいたって、いいんだよ。
でも、「ぼく・わたしは、友だちは いらない」と きめつけて、
心のシャッターを しめないでね。
気の合う子が とつぜん あらわれることも あるし、
きゅうに 話が もり上がることだって あるんだ。

自分のことを、もっと 知ろう

友だちと いると、自分は どうして こうなんだろう、自分は どうして こうじゃないんだろう、って、いいところも わるいところも 見えてくるよね。それって、とても ラッキーなこと。自分のことを 知ると、自分が こまったときに どうするのがいいか、わかるようにも なるよ。

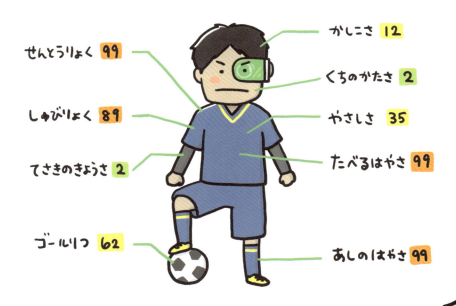

自分を 知って、自分と うまく つき合おう

❶ 自分の すきなところ、きらいなところを 書き出してみよう。
　 きらいなところも ぜんぶ 自分。まずは うけ止めよう。
❷ ものごとの 見方を かえてみよう。たんしょ（わるいところ）と 思っていることも、
　 見方を かえると ちょうしょ（いいところ）に なるよ。

うらやましい気もち
友だちの すてきなところを
いいな、と す直に 思えるのは、
すばらしいことだよ。

うまくできなくても
たとえ できなかったとしても、
「がんばった自分は すごい！」って
考えてみよう。

人と 自分を くらべて、
おちこんでしまうときは…

友だちには できることが 自分には できなかったりすれば、
がっかりしちゃうよね。自分とちがう 友だちを、うらやましいな、って
思うことも あるよね。でも、きみにも、友だちとは ちがう
すてきなところが たくさんある！ 友だちは 友だち、自分は 自分。
そうやって、人と ちがうところが「こせい」に なるんだよ。

おちこんだときは、こうして のりこえる！

❶ 人と くらべずに、むかしの自分と くらべよう
❷ せい長のチャンスと 考える！
❸ 自分で 切りかえる方ほうを 見つけよう
　（おいしいものを 食べる、音楽を 聞く、など）

クラス・学校だけが せかいじゃない

クラスや 学校に 気の合う子が いなくても、たまたま今、そこに、
いないだけ。せかいって とっても 広いから、きっと どこかに
きみの友だちが いるはず。きみたちの時間は
これから たくさんあるから、
これから どこかで 出会うんだ。その子に 会うまで、
きみは きみの ここちのよい時間を すごせばいいんだよ。

きみは ひとりじゃない

今、友だちがいない きみは、ひょっとしたら、
「ひとりぼっちだ」なんて、思ってない?
でも、ちがうよ。まわりを 見てごらん。
たとえ 今 友だちが いなくても、
きみのまわりには、きみのことを 大切に
思っている人が、きっと いるはず。
きみのことを 気にしている人は、
かならず いるよ。
まわりを よーく、見てごらん。

それは 親や ほごしゃの人かも

いそがしそうに 見えるけど、
まず 話を してみよう。

今(いま)、くるしんでいる きみへ

もしも きみが、だれかに 心(こころ)や 体(からだ)を きずつけられているのなら、一人(ひとり)で がまんをしないで 近(ちか)くの大人(おとな)に そうだんをしてほしい。先生(せんせい)や 家(いえ)の人(ひと)に いやなことをされていたり、まわりに だれも たよれる人(ひと)がいないときは、電話(でんわ)や インターネットでそうだんに のってくれるところが あるので、まよわずに れんらくを しよう。自分(じぶん)のことではなく、「まわりに こんなことをされて こまっている子(こ)がいる……」という、そうだんでも いいんだ。ゆう気(き)を出(だ)して、かいけつのために 一歩(いっぽ)を ふみ出(だ)してみよう。

そうだん先(さき)

○ こどもの人権(じんけん)110番(ばん) 電話(でんわ)：0120-007-110
　〔うけつけ時間(じかん)〕月曜(げつよう)〜金曜(きんよう) 8:30〜17:15
　メールそうだんURL(ユーアールエル) https://www.jinken.go.jp/soudan/PC_CH/0101.html

○ 24時間(じかん)子供(こども)SOS(エスオーエス)ダイヤル 電話(でんわ)：0120-0-78310

○ チャイルドライン 電話(でんわ)：0120-99-7777
　〔うけつけ時間(じかん)〕毎日(まいにち) 16:00〜21:00
　チャットURL(ユーアールエル) https://childline.or.jp/chat
　〔うけつけ時間(じかん)〕週(しゅう)に5〜6日(か) 16:00〜21:00

※2024年(ねん)11月(がつ)時点(じてん)のじょうほうです。

保護者の方へ❹
子どもと 学校の話を しよう

新学期になり、入学やクラス替えで新しい環境になったとき、多くの保護者が、子どもに友だちができたのかな、友だちとうまくやっているかな……と気になることでしょう。そのときに、してしまいがちなのは、「友だち、できた?」という質問。

絶対にダメというわけではないのですが、「まだ」とか「いない」といった答えが返ってきたときに、なんと返事をするかまで考えておいてください。何を"友だち"というかの基準も、子どもによって違うし、その子のペースでゆっくりと友だちを作っていけばいい。この質問がプレッシャーや落ち込むきっかけにならないように、自分なりの返事を用意しておきましょう。

もし、子どもが友だち関係でトラブルを抱えていたら、子どもの様子が今までと違うことで、きっとわかるはずです。そのためには、普段から学校での様子を話し合える関係を築いておくことが大切です。

うちの子、学校のことはなんにも話してくれない…と嘆くあなた。子どもに「学校、どうだった?」と聞いていませんか? 実はこれ、"超NG"質問です。

自分に置き換えてみてください。「今日、どうだった?」と聞かれて、何と答えるでしょうか。答えは「別に」とか「普通」とかで終わるのではないでしょうか。

では、学校での様子を知りたい場合、どう質問すればいいのか。こちらから会話の"ネタ"を提供すればいいのです。

たとえば給食。献立表が配られているので、どの家庭でも話題にしやすいでしょう。

「今日の給食、どうだった?」ではなく、「給食のコレはどういう料理なの?」とか「一番おいしかったのはどれだった?」などなど、YES／NOでは答えられない質問をしてみてください。他には、学校便りや、学年通信、学級通信などを読み、子どもが説明したり、話したりしたくなるような質問をするといいでしょう。個人面談で、担任の先生からクラスの様子など、ネタを仕入れるのもいいですね。

人付き合いの基礎は、コミュニケーションです。子どもたちが楽しい友だち付き合いができるように、ぜひ家庭でもコミュニケーションを大切にしてください。

東京学芸大学附属世田谷小学校教諭 沼田晶弘

沼田晶弘（ぬまた・あきひろ）

東京学芸大学附属世田谷小学校教諭。1975年東京都生まれ。東京学芸大学教育学部卒業後、ア
メリカ・インディアナ州立ボールステイト大学大学院で学び、インディアナ州マンシー市名誉市民賞
を受賞。スポーツ経営学の修士を修了後、同大学職員などを経て、2006年から現職。児童の自主
性・自立性を引き出す斬新でユニークな授業が読売新聞に取り上げられて話題になり、日本テレビ
『news zero』やフジテレビ『ノンストップ！』で特集される。教育関係のイベント企画を多数実施す
るほか、企業向けにやる気・意欲を引き出す声かけや、リーダーシップ、コーチング、信頼関係構築
などの講演も精力的に行っている。主な著書に『ぬまっちのクラスが「世界一」の理由』（中央公論新
社）、『家でできる「自信が持てる子」の育て方』（あさ出版）、『もう「反抗期」で悩まない！　親も子
どももラクになる"ぬまっち流"思考法』（集英社）、『子どものやる気を引き出す「ほめる」よりすごい方
法39』（高橋書店）、監修書に『小学校が100倍楽しくなる　小学生のおやくそく』（KADOKAWA）など
がある。

石塚ワカメ（いしづか・わかめ）

イラストレーター。2児の母。育児絵日記ブログ「ワカメ絵日記」https://wakame-enikki.net/
著書に『毎日が育ジーザス！！』（主婦の友社）など、絵本に『あぶないときは　いやです、だめです、
いきません　子どもの身をまもるための本』（文・清永奈穂、岩崎書店）、『小学校が100倍楽しくなる　小
学生のおやくそく』（KADOKAWA）などがある。

デ ザ イ ン　坂川朱音（朱猫堂）
Ｄ　Ｔ　Ｐ　株式会社センターメディア
編 集 協 力　大西史恵

小学校が100倍楽しくなる
小学生のお友だちづきあい

2025年1月22日　初版発行
2025年4月5日　再版発行

監　　　修　沼田晶弘
絵　石塚ワカメ

発 行 者　山下直久
発　　　行　株式会社KADOKAWA
　　　　　　〒102-8177 東京都千代田区富士見2-13-3
　　　　　　電話 0570-002-301（ナビダイヤル）
印刷・製本　TOPPANクロレ株式会社

本書の無断複製（コピー、スキャン、デジタル化等）並びに無断複製物の譲渡および配信は、
著作権法上での例外を除き禁じられています。また、本書を代行業者等の第三者に依頼して
複製する行為は、たとえ個人や家庭内での利用であっても一切認められておりません。
● お問い合わせ
https://www.kadokawa.co.jp/（「お問い合わせ」へお進みください）
※内容によっては、お答えできない場合があります。
※サポートは日本国内のみとさせていただきます。
※Japanese text only

定価はカバーに表示してあります。

©Akihiro Numata, Wakame Ishizuka 2025 Printed in Japan
ISBN 978-4-04-115406-9 C8037